AF360654

ÉDOUARD DRIAULT

L'HISTOIRE

DE LA

POLITIQUE EXTÉRIEURE

DE NAPOLÉON Ier

EXTRAIT

DE LA

REVUE D'HISTOIRE MODERNE ET CONTEMPORAINE

1901-1902, t. III, p. 377-394

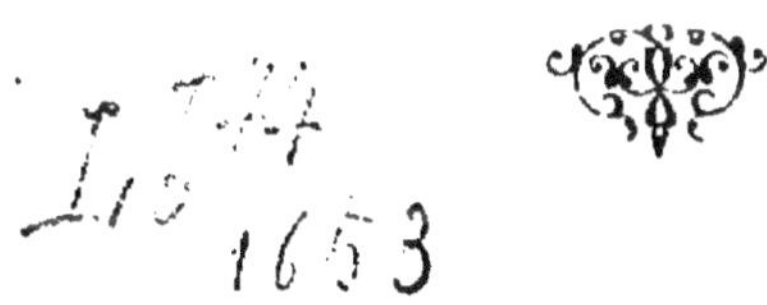

L'Histoire de la politique extérieure de Napoléon Ier

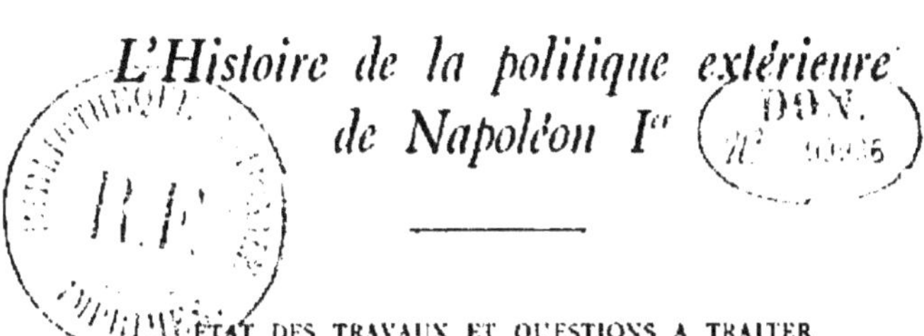

ÉTAT DES TRAVAUX ET QUESTIONS A TRAITER

Il n'est point nécessaire sans doute d'insister longuement sur l'intérêt de l'histoire de la politique extérieure de Napoléon Ier. Cependant il est remarquable qu'elle n'ait pas excité depuis de longues années autant de curiosité que l'histoire militaire ou anecdotique du Premier Empire. On a davantage aimé jusqu'ici le caractère romanesque de ces temps héroïques, et il semble qu'on veuille se complaire encore au charme de la légende napoléonienne. On s'attarde volontiers aux épiques tableaux des chevauchées impériales ou aux intrigues de la cour des Tuileries. Mais on ne sait toujours pas ce que Napoléon a voulu faire de l'Europe vaincue ; alors on imagine dans l'esprit de l'Empereur divers secrets : tantôt c'est la question orientale qui est indiquée comme le mot de l'énigme ; tantôt c'est la domination universelle ; tantôt c'est le cauchemar de l'Angleterre ; tantôt même on affirme que Napoléon ne fut qu'un malade, un fou. Il peut arriver que chacune de ces thèses déforme d'une ou d'autre façon la vérité historique.

En effet on n'a pas encore sérieusement entrepris en France l'histoire scientifique de la politique napoléonienne. Le travail historique a atteint le XVIIIe siècle avec les ouvrages de MM. Lavisse et de Broglie, par exemple, et la Révolution française avec ceux de MM. Sorel et Aulard. Il n'y a pas beaucoup d'exagération à affirmer qu'on n'a pas entamé l'étude méthodique du XIXe siècle. On y touche, et peut-être la récente éclosion de toute une littérature napoléonienne annonce-t-elle enfin la naissance prochaine de l'histoire napoléonienne.

*
* *

Il n'y a pas, à notre sens, de période aussi instructive, non seulement pour l'historien désintéressé, mais pour l'homme politique.

Napoléon n'a pas modifié les grandes voies où l'histoire de l'Europe était engagée depuis plus d'un siècle. Avant lui, le xviiie siècle avait été marqué par les progrès de l'Angleterre, de la Prusse et de la Russie. Le xixe siècle après lui a eu les mêmes caractères. Il a voulu étouffer l'Angleterre ; il a presque détruit la Prusse ; il a vaincu la Russie à Austerlitz et Friedland ; il a pris Moscou. Il a surexcité, par l'instinct de la conservation, toute la force de leur génie national ; et, après avoir réagi contre lui, après l'avoir refoulé jusque dans Paris, elles ont repris avec plus de décision le cours de leurs destinées. On pourrait dire, à cet égard, que Napoléon n'a fait que hâter l'évolution normale de la politique européenne.

Certes il a beaucoup détruit ; « beaucoup des herbes qu'il a foulées aux pieds de la Grande Armée ne se sont pas relevées ». Le Saint-Empire Romain Germanique, le plus imposant édifice politique de la vieille Europe, s'écroula à jamais à Austerlitz. Mais il était déjà compromis, plus qu'à moitié mort. Les Habsbourg, si malheureux depuis, avaient déjà reçu de rudes coups de la France au xviie siècle, de la Prusse au xviiie. Napoléon leur porta presque le coup de grâce, et le grand arbre de la maison d'Autriche, désormais rasé, ouvrit la voie aux puissances dont il barrait le progrès.

L'originalité de l'œuvre napoléonienne n'est pas là. Qu'il en ait eu ou non conscience, il a jeté à travers l'Europe le grand souffle révolutionnaire qui parut un moment capable de mettre à bas tous les trônes. A ce point de vue, il a bouleversé la vieille Europe. Ce ne fut d'ailleurs qu'une force nouvelle, mais singulièrement efficace, au service des changements politiques qui se préparaient auparavant. La Prusse y a trouvé un instrument de grandeur autrement puissant que l'organisme administratif du Roi-Sergent et de Frédéric le Grand. Toute la révolution allemande du xixe siècle est renfermée en germe dans le Recès de la diète de 1803 et dans l'œuvre de Stein et de Hardenberg. Fidèle même en quelque manière à la politique de Richelieu et de Mazarin, Napoléon a créé et gouverné quelque temps une Allemagne allemande, étrangère à la Prusse autant qu'à l'Autriche, l'Allemagne moyenne, comme on a dit plus tard, que Gagern et Beust ont essayé de faire sortir des nuages de la métaphysique germanique, et qui peut-être n'est pas morte tout à fait. — De la même façon, en Italie, Napoléon a été l'héritier des plus anciennes traditions françaises et le précurseur des temps nouveaux. Comme Henri IV, Richelieu, Chauvelin, il a voulu chasser l'Autriche de l'Italie. Plus puissamment qu'eux, il a comme matérialisé la secrète tendance qui poussait les peuples à l'indépendance, du jour où, par la grâce de la Révolution, ils devaient être autre chose que d'inertes matières à partage. Aussi bien,

Italien par sa langue et par ses origines, était-il particulièrement préparé
à poser la question italienne et à indiquer sa solution. Il y a peut-être
encore des leçons à prendre à l'expérience qu'il a conduite. — En Orient,
à la fin du xviiie siècle, le partage de l'empire ottoman semblait aussi
inévitable que celui de la Pologne; les Russes étaient sur le chemin de
Byzance. Ce n'est point le lieu de dire ce que Napoléon a fait ou voulu
faire à cet égard; il ne s'agit que de fixer la place qu'il occupe dans
l'évolution compliquée de la question d'Orient. Il manifesta toujours une
inclination particulière pour les pays de la Méditerranée; il eût peut-être
voulu, comme les anciens Romains, pouvoir appeler cette mer « mare
nostrum ». Au reste, il y continuait la tradition française de l'alliance
ottomane; il était le défenseur des intérêts français dans le Levant; il
était l'ennemi naturel de l'influence russe. C'est là assurément qu'il a le
plus profondément modifié le cours de l'histoire. Sans lui, la Russie eût
vraisemblablement occupé la plus grande partie de la péninsule des
Balkans. Il la contint par la diplomatie et par les armes : en vingt ans,
sous Catherine II, elle avait atteint la mer Noire, fondé Odessa et
Sébastopol, établi son protectorat sur tous les chrétiens de l'empire ottoman; vingt ans après le traité de Yassy, elle n'avait pas fait un pas de
plus; elle avait renoncé à la Moldavie et à la Valachie. Il n'est pas si para-
doxal de dire que Napoléon a sauvé l'empire ottoman d'une ruine immi-
nente. Pendant ce temps, l'Angleterre prenait d'importantes positions sur
la Méditerranée, et devenait capable d'arrêter à son tour l'expansion russe.
La réforme militaire de la Turquie était inaugurée, sous la direction d'officiers français. Les populations chrétiennes se pénétraient de la féconde doc-
trine des nationalités, et, à l'abri du danger russe, se préparaient à l'indépendance. — On pourrait encore rechercher dans quelle mesure l'influence
de Napoléon a agi sur le développement politique de l'Espagne et même
de la Russie

En somme, il a mis la Révolution au service des transformations qui
s'ébauchaient de longue date et qui, sans doute, eussent été plus longues
et moins sûres. C'est sous cette importante réserve que l'on peut dire que
la politique napoléonienne fut une politique révolutionnaire. De même
que la Révolution française fut, non pas le début imprévu d'une époque
nouvelle, mais comme la crise centrale de l'évolution politique et sociale
qui depuis le commencement du xviiie siècle transforme le monde dans le
sens démocratique, de même l'histoire de Napoléon fut la crise où se pré-
para, dans l'agitation la plus dramatique, le dénouement des grandes
questions nationales qui se posaient depuis plus de cent ans. Il semble
donc que ce soit le point essentiel où se doive porter l'intérêt historique

et politique à la fois : en cette crise se combinent et agissent les unes sur les autres les traditions antérieures et les principes révolutionnaires ; sa connaissance exacte importe à l'intelligence de l'histoire politique de l'Europe contemporaine.

C'est pourquoi il nous a paru intéressant de rechercher, du moins sommairement, l'état actuel de la science historique en cette matière, les résultats obtenus, les lacunes à combler. Il est bien évident qu'en ces quelques pages, on ne prétend point épuiser un pareil sujet.

*
* *

LES SOURCES

Les sources de cette histoire sont extrêmement riches ; elle n'en est que plus difficile à écrire ; il est presque impossible de l'achever. La bibliographie même n'en est pas faite, pas plus que du règne en général. Alberto Lumbroso a commencé en 1893 une Bibliographie raisonnée de l'époque napoléonienne ; le cinquième fascicule n'en est encore qu'à la lettre B [1]. Nous sommes réduits jusqu'ici à des renseignements dispersés. Les chapitres de l'*Histoire Générale* de Lavisse et Rambaud donnent des indications bibliographiques utiles. Le docteur August Fournier a ajouté à son *Histoire de Napoléon* une bibliographie assez abondante.

En ce qui concerne les sources annuellement mises au jour, depuis 1898, on trouvera des indications complètes dans le *Répertoire Méthodique* de Brière et Caron ; on y remarquera le petit nombre des ouvrages consacrés au sujet qui nous occupe [2]. Aussi bien n'avons-nous pas l'intention de tenter cette bibliographie ; nous ne voulons que montrer combien elle est riche et en classer très élémentairement les diverses catégories.

La source la plus pure est celle des Archives Nationales [3] et surtout des Archives du Ministère des Affaires Étrangères. Celles-ci renferment des trésors inestimables dans la Correspondance diplomatique classée par année et par pays, dans les Suppléments à la Correspondance, dans les Mémoires et Documents classés de la même façon [4]. Elles fournissent le

---

1. Alberto Lumbroso. *Bibliographia ragionata dell' epoca napoleonica.* Modène-Paris, 1893-1896.

2. G. Brière et P. Caron. *Répertoire méthodique de l'histoire moderne et contemporaine de la France pour l'année 1898*, publié par la *Revue d'histoire moderne et contemporaine* 1 vol. in-8. Paris, 1899. — Id., 2ᵉ année, 1899. 1 vol. in-8, Paris, 1900.

3. Fonds de la secrétairerie d'État : le Consulat et l'Empire, AF⁴.

4. *Inventaire des Archives du Ministère des Affaires Étrangères, Mémoires et Documents, fonds France.* 1 vol. in-8. Paris, Imprimerie Nationale, 1883. — Id., id., *fonds divers*, 1 vol. in-8, id., 1893.

récit des événements politiques rédigé par des témoins oculaires, presque des acteurs, ambassadeurs, ministres ou consuls. Elles renferment, dans les instructions données aux ambassadeurs, souvent sous la dictée de Napoléon, la pensée même de l'Empereur, du moins ce qu'il en voulait bien livrer à ceux qu'il employait. Tout cela est encore manuscrit. Le *Recueil des Instructions données aux ambassadeurs et ministres de France*, publié par la librairie F. Alcan, sous les auspices de la commission des Archives diplomatiques au ministère des Affaires Étrangères, ne va que jusqu'à la Révolution française [1]. D'ailleurs ces Instructions ne sont qu'une partie des richesses des Archives. La Correspondance elle-même, entre les ambassadeurs et le ministère, est peut-être plus instructive, en tout cas plus vivante, image changeante et fidèle des variations presque quotidiennes de la politique. Les Archives Étrangères, de Vienne et de Saint-Pétersbourg par exemple, ne sont sans doute pas moins importantes, quoique moins directement nécessaires à l'intelligence de la politique napoléonienne [2]. L'*Archive russe*, revue historique privée, l'*Archive Vorontzof*, commencée en 1870, mais sans classement, ont imprimé quelques-uns de ces documents ; ainsi l'*Archive russe* a publié en 1870 les Rapports du prince Kourakine à Alexandre Ier sur ses conversations avec Napoléon, au temps de son ambassade à Paris, de 1809 à 1812. La Société Impériale de Russie, fondée en 1867, a aussi fait connaître de curieuses pièces, comme les Papiers de Savary, la Correspondance de Tolstoï, ambassadeur à Paris de 1807 à 1809. Sous ses auspices, M. Tratchevski a publié une importante collection de papiers diplomatiques sur les Relations d'Alexandre Ier avec la France depuis son avènement en 1801. Nous n'avons encore en France aucune publication analogue, du moins pour cette époque [3]. M. Vandal a publié dans la *Revue bleue*, 1895, la Correspondance inédite de Napoléon avec Caulaincourt en 1808-1809.

---

1. *Recueil des Instructions données aux ambassadeurs et ministres de France depuis les traités de Westphalie jusqu'à la Révolution française.* 13 vol. parus, in-8 raisin, avec introductions et notes. Paris, Alcan.

2. Ce sont notamment : à Berlin, les Archives Centrales d'État (Königl. geheimes Staatsarchiv) ; à Vienne, les Archives de la Cour et de la Maison de l'Empereur (Kaiserliches und Königliches Haus-Hof und Staatsarchiv) ; à Londres, le Public Record Office (ses Inventaires ou Calendars ne dépassent pas l'année 1760) ; à Rome, les Archives du Vatican et les Archives de l'État italien. — Cf. Langlois et Stein. *Bibliographie de l'histoire de France.*

3. La Société Impériale de Russie, fondée en 1867, sous le patronage du grand-duc héritier (Alexandre III) et du chancelier Gortchakof, publie cinq volumes au moins de documents par an, notamment : les premières relations diplomatiques de la Russie avec la France jusqu'en 1727 (6 vol.) ; les lettres de Catherine II ; les papiers du duc de Richelieu ; les lettres de l'amiral Tchitchagof ; les rapports du colonel Tchernichef et du comte Kourakine ; 6 vol. de rapports des ambassadeurs de France. *tirés du ministère des Affaires Étrangères de France* (Cf. sur ce sujet un article de M. A. Brückner dans la *Revue d'histoire diplomatique*, juillet 1888).

Une seconde série de sources, aussi exactes, mais moins variées et moins riches, est dans les Traités et Conventions signés entre les divers gouvernements. On n'y retrouve pas toute la pensée des hommes politiques ; car, par le fait que les signataires se doivent faire des concessions réciproques, ils ne peuvent pas tout dire et dissimulent leurs réelles aspirations sous les pompeuses formules protocolaires ; les plus ambitieux, les plus belliqueux n'y parlent que de paix et d'éternelle amitié. Pourtant ces traités enregistrent à un moment donné la volonté précise du vainqueur qui les imposa ; ils notent surtout les résultats obtenus par les victoires antérieures et qui seront le point de départ d'une évolution nouvelle de la politique des gouvernements intéressés. On connaît le *Recueil des traités de la France* de de Clercq, le *Recueil des traités conclus entre les divers États de 1760 à nos jours* par Ch. de Martens, le *Recueil des Traités de la Russie avec les puissances étrangères* par F. de Martens [1]. Ces recueils d'ailleurs ne sont pas toujours complets ; ainsi le traité de Tilsit n'a été entièrement publié pour la première fois que par M. Vandal dans son *Histoire de Napoléon et Alexandre Ier*, tome Ier, en 1896.

Une troisième série de sources, moins sûres, mais d'une abondance considérable, est dans la correspondance personnelle des principaux acteurs de cette histoire. Au premier rang se trouve naturellement la Correspondance de Napoléon Ier [2].

Il est nécessaire de mettre de la prudence à l'emploi de la correspondance impériale : Napoléon n'y découvre pas toute sa pensée ; sa sin-.

---

1. De Clercq, *Recueil des traités de la France de 1713 à 1885*. 14 vol. in-8. Paris, Pedone-Lauriel, 1867-1885. — *Recueil manuel et pratique des traités et conventions* sur lesquels sont établis les relations et les rapports existant aujourd'hui entre les divers États souverains du globe, depuis l'année 1760 jusqu'à l'époque actuelle, par le baron Ch. de Martens et le baron Ferd. de Cussy, continué par le prof. F.-H. Geffcken. 10 vol. gr. in-8. Leipzig, Brockhaus, 1866-1888. — Garden, *Histoire générale des traités de Westphalie*, ouvrage contenant les travaux de Koch, Schœll, etc. 15 vol. in-8, Paris, Amyot, 1848-1887 — Baron de Testa et ses Fils, *Recueil des traités de la Porte Ottomane*. 6 vol. in-8. Paris, Muzard, 1864-1885. — Tétot, *Répertoire de tous les traités et conventions entre toutes les puissances du globe* (1648-1867). 2 vol, in-8, Paris, Amyot.

2. La publication en est assez récente. Elle a été commencée en 1856 par ordre de l'Empereur Napoléon III et se compose de 24 volumes in-4 ou 32 volumes in-8. (Paris, Plon et Dumaine, 1856-1870). Mais elle n'est pas complète ; elle a été soumise, lors de la publication, à un triage méticuleux ; beaucoup de pièces, quelques-unes très importantes, ont été oubliées ou écartées. Les plus graves lacunes ont été indiquées par Du Casse, dans une série d'articles de la *Revue Historique*, tomes XXXI, XXXII, XXXIV. Elles ont été en partie comblées par Du Casse, *Supplément à la correspondance de Napoléon*. 1 vol. in-12. Paris, Dentu, 1887 ; par de Bretonne, *Lettres inédites de Napoléon*. Paris, 1898 ; par P. Bertrand, *Talleyrand, l'Autriche et la question d'Orient en 1805*, dans la *Revue historique*, t. XXXIX ; par Léon Lecestre, *Lettres inédites de Napoléon*. 2 vol in-8. Paris, Plon, 1897 ; par Hueffer, *Ungedruckte Briefe Napoleons aus den Jahren 1796-1797*, dans *Archiv für österreichische Geschichte*, t. XLIX.

cérité est parfois sujette à caution ; il ne méprise point toujours les exagé-
rations et le mensonge ; par exemple, les Bulletins de la Grande Armée,
qui ont quelquefois un grand intérêt politique aussi bien que militaire,
ont été souvent arrangés dans le sens d'un continuel panégyrique. Il y a
à faire ici des réserves analogues à celles que comporte le Mémorial de
Sainte-Hélène. La correspondance est néanmoins très précieuse ; on sait
l'extraordinaire activité de l'Empereur : il n'y a que très peu de journées
où nous n'ayons pas une ou plusieurs, parfois 15 ou 20 lettres de lui ;
elles sont directement inspirées par les événements et en sont par suite le
reflet fidèle. La plupart ont un intérêt diplomatique ou militaire ; parmi
ces dernières, il faut signaler particulièrement celles qui sont adressées à
des souverains, notamment aux rois de la famille de Napoléon, qu'il
réduit à n'être guère que les agents de sa pensée politique, surtout celles
qui sont adressées à Talleyrand et à Champagny ; elles ont le caractère
d'instructions diplomatiques presque confidentielles : quoique l'Empereur
ne trahisse jamais toute sa pensée, on la retrouve quelque peu sous la
forme écourtée qu'il voulait bien manifester par la plume de son secrétaire. Il y aurait un curieux travail à faire sur les modifications, du moins
dans le ton, que Talleyrand introduisait dans les notes impériales confiées
à sa rédaction définitive, sur les termes diplomatiques dont il savait
habiller l'expression toute vive et toute nue de la volonté impériale ; il y
aurait là une intéressante étude de caractères. Ainsi, depuis les Bulletins
de la Grande Armée, destinés à une publicité européenne, jusqu'aux
Instructions envoyées à Talleyrand, en passant par les lettres de Napoléon
à ses lieutenants et à ses frères, on a comme une série d'esquisses de la
politique napoléonienne, de plus en plus précises, et pourtant jusqu'au
bout incomplètes : il y a toujours un secret que l'on sent que Napoléon
garde jalousement, et c'est tout le grand problème historique de son règne.

De plus, cette Correspondance est complétée et par endroits corrigée
par celles des parents, des ministres, des officiers de l'Empereur. Ainsi,
grâce au baron Du Casse, nous avons les *Mémoires* et la *Correspondance
politique* du roi Joseph, d'Eugène de Beauharnais, du roi Jérôme. Nous
avons les *Mémoires* de Melzi d'Eril, la *Correspondance* du Maréchal Davout,
bien d'autres encore [1].

---

1. Du Casse, *Mémoires et Correspondance politique du roi Joseph*, 10 vol. in-8, Paris, Perro-
tin [1853-1854]. — Id., *Mémoires et Correspondance d'Eugène de Beauharnais*, 10 vol. in-8,
Paris, Lévy frères, 1858-1860. — Id., *Mémoires et Correspondance du roi Jérôme et de la reine
Catherine*, 7 vol. in-8, Paris, Dentu, 1861-1866. — Melzi d'Eril, *Memorie, documenti e let-
ter. inedite*, publiés par Gio. Melzi, Milan, 1865. — *Correspondance du maréchal Davout*, publiée
par Ch. de Mazade, 4 vol. in-8, Paris, Plon, 1885.

Un précieux contrôle de tous ces documents est assuré par les correspondances des adversaires ou des ennemis de l'Empereur : par exemple, les écrits de l'archiduc Charles ; ou le *Mémoire* de Massembach pour servir à l'histoire de la décadence politique de la Prusse depuis 1794 : ou la *Correspondance diplomatique* de Pozzo di Borgo, le haineux compatriote de Napoléon ; ou la *Correspondance diplomatique* de Joseph de Maistre [1]. Il est enfin, dans le même ordre de sources, toute une série de pièces qui ont été jusqu'ici très peu utilisées par les écrivains français ; ce sont les écrits des hommes d'état qui ont dirigé le gouvernement de l'Angleterre pendant la période napoléonienne ; les plus importants sont les *Discours* de Pitt ; la *Correspondance* entre W. Pitt et Charles, duc de Rutland ; les *Discours* de Fox ; les *Mémoires* et la *Correspondance* de Fox ; les *Discours* de Canning ; le *Journal* et la *Correspondance* de Lord Auckland ; le *Journal* et la *Correspondance* de Lord Malmesbury ; la *Correspondance* de Lord Cornwallis ; la *Correspondance politique* de Wellington ; les *Lettres et Dépêches* de Lord Castlereagh [2]. Il est très remarquable que les relations de Napoléon avec l'Angleterre soient jusqu'ici restées comme à l'arrière-plan de l'histoire du premier empire ; les historiens semblent avoir laissé l'Angleterre dans son isolement insulaire. Nul doute pourtant qu'elle n'ait été presque sans interruption au premier plan des préoccupations politiques de l'Empereur. Il y a peut-être dans cette voie le moyen de renouveler sérieusement cette histoire ; il est du moins impossible de la constituer sans l'étude approfondie des documents anglais.

Enfin une quatrième série de sources consiste dans les Mémoires des Contemporains. Il faut noter d'abord que ces Mémoires ont été rédigés pour la plupart longtemps après les événements, et que, par conséquent, le récit y a subi une déformation volontaire ou involontaire de la part de leurs auteurs. Presque toujours, ils sont des plaidoyers et par suite ils sont pleins de partialité : ou bien le rédacteur s'attribue un rôle qu'il n'a pas joué ; ou bien il rejette à d'autres les fautes qu'il a commises ; sous le

---

1. Erzherzog Karl von Œsterreich. *Ausgewählte Schriften.* 6 vol. Vienne, 1893-95. — Massembach. *Mémoire pour servir à l'histoire de la décadence politique de la Prusse depuis 1794* [1804]. — Pozzo di Borgo. *Correspondance diplomatique.* 2 vol. in-8. Paris, C. Lévy. 1890. — Joseph de Maistre. *Correspondance diplomatique (1811-1817)*, publiée par Albert Blanc. 2 vol. in-8. Paris, Lévy frères, 1860.

2 Pitt. *Speeches.* 3 vol. 1817. — *Correspondence between W. Pitt and Charles, duke of Rutland.* Edimbourg, 1890. — Fox. *Speeches.* 6 vol. 1815. — Id., *Memorials and correspondence*, édités par Lord John Russell. 3 vol. 1853. — Canning. *Speeches.* 1828. — Lord Auckland. *Journal and Correspondence.* 4 vol. 1861. — Lord Malmesbury. *Diaries and correspondence.* 4 vol. 1874. — Charles. first marquis Cornwallis, édit. Ross. 3 vol. 1859. — Wellington. *Civil correspondence.* 5 vol. 1867. — Lord Castlereagh. *Letters and Dispatches.*

régime de la Restauration, il accable l'Empereur pour obtenir encore les bonnes grâces du gouvernement ; sous le second Empire, il devient l'un des collaborateurs les plus dévoués de la pensée de Napoléon Ier. En tout temps il écrit avec plus de passion que de sincérité. La date de la publication de ces mémoires est en général un important élément de la critique par laquelle il faut tous les faire passer avant de les employer ; ces précautions sont surtout utiles quand il s'agit des principaux ministres de l'Empereur.

Elles ne sont pas superflues quand il s'agit du *Mémorial de Sainte-Hélène*. Napoléon a essayé de s'y disculper de ses fautes les plus graves ; il y a laissé échapper cependant quelques aveux. Il ne faut pas oublier qu'il a été écrit sous sa dictée par des hommes tellement dévoués à sa personne qu'ils avaient sacrifié pour le suivre tous leurs intérêts les plus chers. Son secrétaire Méneval a écrit des *Mémoires pour servir à l'histoire de Napoléon* qui ont ce caractère d'admiration presque fanatique [1]. Il en est encore ainsi avec plus ou moins de sincérité et de perspicacité, selon le tempérament de l'auteur, des *Mémoires de Savary, duc de Rovigo* ; des *Mémoires de Champagny*, qui devint ministre des relations extérieures en 1807 ; des *Mémoires de Caulaincourt*, qui fit tous ses efforts en 1813 et 1814 pour sauver le trône impérial en hâtant la paix avec les alliés.

Parmi les mémoires français d'anciens serviteurs de Napoléon, il y en a beaucoup qui lui sont plus ou moins franchement hostiles. Ce sont, par exemple, les *Mémoires de Lucien Bonaparte* : Lucien en était venu à regretter le rôle capital qu'il avait joué le 19 brumaire, et faisait partie de l'opposition dès 1802 ; son frère l'avait sans doute trop négligé et s'était trop vite dégagé de toute reconnaissance à son égard. Les *Mémoires de Bourrienne* sont décidément contraires à la politique napoléonienne, ils n'en sont pas plus véridiques, et on a pu écrire tout un volume sur Bourrienne et ses erreurs volontaires. Beugnot, après avoir été préfet de Napoléon, commissaire impérial en Westphalie, fut un des ministres de la première Restauration ; mais ses Mémoires furent publiés en 1868. L'abbé de Pradt, qui mettait ses conceptions politiques bien au-dessus de celles de l'Empereur, écrivit en 1827 son *Histoire de l'ambassade dans le grand-duché de Varsovie en 1813*. Barras n'oubliait pas qu'il avait été presque tout-puissant de 1795 à 1799 et qu'il avait été pour quelque chose

---

1. Las Cases. *Mémorial de Sainte-Hélène*. 2 vol. in-8. Paris, Magen et Comon, 1840-1841. — Méneval. *Mémoires pour servir à l'histoire de Napoléon Ier*. 1re édit., en 1843-45, réimprimés en 1894. 3 vol. in-8. Paris, Dentu.

dans le développement de la brillante fortune de Bonaparte ; ses *Mémoires*, rédigés d'ailleurs par Rousselin de Saint-Albin, ont été publiés par Georges Duruy en 1895-1896. On se rappelle la déception éprouvée par les historiens en 1890 lors de la publication des *Mémoires de Talleyrand* par le duc de Broglie ; ils apparurent pleins d'erreurs ; et, comme il fut prouvé qu'ils n'étaient qu'en partie originaux, ils perdirent aussitôt la plus grande partie du crédit qu'on leur avait d'avance réservé. Cela est très regrettable ; car on avait le droit de fonder les plus grandes espérances sur le récit de celui qui avait été, en matière politique, presque le rival heureux de l'Empereur [1].

Les Mémoires des hommes d'état étrangers exigent la même critique préparatoire ; sous cette réserve, ils peuvent encore fournir des renseignements de première importance. Les *Mémoires* de Manuel Godoy, prince de la Paix, ont peu d'intérêt. Les *Mémoires sur la cour et les cabinets de Georges III*, par le duc de Buckingham, en ont davantage. Les *Mémoires* du prince Adam Czartoryski, publiés par Ch. de Mazade, se taisent presque absolument sur la période capitale où ce personnage fut ministre des affaires étrangères d'Alexandre Ier, lors de la formation de la 3e coalition ; ils sont surtout destinés à expliquer le dévouement que cet ancien serviteur du tsar témoigna toujours à la cause de l'indépendance de la Pologne. Les *Mémoires* de Hardenberg ont été publiés par Ranke en 1877 ; leur intérêt est considérable. Les *Mémoires* de Metternich sont plus abondants que vraiment curieux ; le rôle politique joué par leur auteur à partir de 1809 leur donne cependant du prix [2].

La littérature historique de l'époque impériale, dont nous ne donnons là qu'une idée générale, est donc extrêmement abondante. Il y faudrait ajouter les articles plus ou moins sérieux des Biographies, des Encyclopédies ; le *Moniteur*, devenu le journal officiel à partir de 1803 ; l'*Annual Register*, publié à Londres et qui donne année par année des renseigne-

---

1. *Mémoires de Lucien Bonaparte*, publiés par Iung. 3 vol. in-8. Paris. Charpentier, 1882-1883. — De Pradt. *Histoire de l'ambassade dans le grand-duché de Varsovie en 1813*. Paris. 1827. — *Mémoires de Barras*, rédigés par Rousselin de Saint-Albin, et publiés par G. Duruy. 4 vol. Paris, 1895-1896. — *Mémoires de Talleyrand*, publiés par le duc de Broglie, d'après un manuscrit communiqué par M. Andral. 5 vol. in-8. Paris, C. Lévy, 1891. — Il y a quelques renseignements à prendre dans Beauchamp et Schubart. *Mémoires tirés des papiers d'un homme d'État sur les causes secrètes qui ont déterminé la politique des cabinets dans la guerre de la Révolution depuis 1792 jusqu'à 1815*. 13 vol. 1828-1838.

2. *Mémoires de don Manuel Godoy, prince de la Paix*, trad. fr. d'Esménard. 4 vol. Paris, 1836. — Duke of Buckingham. *Memoirs of the court and cabinets of George the third*. 4 vol. 1863. — Adam Czartoryski. *Mémoires* publiés par Ch. de Mazade. 2 vol. in-8. Paris. Plon, 1887. — Hardenberg. *Mémoires*. publiés par Ranke, 1877. — *Mémoires de Metternich*. 8 vol. 1884.

ments souvent très complets, capables de mettre au point les bulletins parfois arrangés du *Moniteur*. La matière à exploiter est riche autant que les chercheurs peuvent le désirer. Sans rappeler l'énorme masse des documents encore manuscrits, la plupart de ces publications, et quelques-unes particulièrement importantes, sont assez récentes ; il manque peu de chose à la curiosité de l'historien ; il n'y a plus un seul acteur de premier plan dont nous ayons à attendre les « révélations ».

*
* *

LES TRAVAUX

Il n'a pas été jusqu'ici tiré un grand parti de tous ces matériaux. Il est vrai que les Archives, même en France, sont peu accessibles et, pour ainsi dire, seulement entr'ouvertes pour la période postérieure à 1789 ; que la Correspondance a été publiée assez tard et incomplétement ; que beaucoup des mémoires n'ont été imprimés que depuis peu, lorsque la mort de la plupart des personnages dont ils parlent en eut rendu la publication moins compromettante. En effet la plupart des histoires générales que nous avons sur Napoléon sont antérieures à la publication de la plupart des documents imprimés.

Nous ne faisons que rappeler l'*Histoire de Napoléon* de Norvins, celle de Lanfrey, même le grand ouvrage de Thiers l'*Histoire du Consulat et de l'Empire* (1845-1869) [1]. Les dates indiquent à quelles sources il a pu être emprunté. Thiers n'a pas pu se servir, sauf à la fin, de la Correspondance de l'Empereur, ni des Mémoires ; il ne paraît pas qu'il ait beaucoup utilisé les Archives, dont le classement n'était pas achevé. Cependant le grand rôle politique qu'il a joué, l'admiration qu'il a toujours eue pour son héros et surtout la facilité qu'il a eue de consulter quelques-uns des officiers et ministres de Napoléon, Sébastiani, Soult, Mortier, Gérard, Talleyrand, etc., en un mot son âge (il était né en 1797), lui ont permis de recueillir un grand nombre de témoignages oraux d'une incontestable valeur. C'est pourquoi son livre est plutôt fondé sur la tradition orale que

---

1. Norvins. *Histoire de Napoléon*. 4 vol. Paris. 1827-1828. — Lanfrey. *Histoire de Napoléon*. 5 vol. in-12. Paris, Charpentier, 1867-1875. — Thiers, *Histoire du Consulat et de l'Empire*. 21 vol. in-8. Paris, Furne et Jouvet. 1845-1869. — Bignon (sur mandat reçu de l'Empereur) *Histoire diplomatique de la France depuis le 18 brumaire jusqu'à la paix de Tilsit*, rédigée et terminée par Ernouf. 14 vol. in-8. Paris. Didot frères. — Lefebvre, *Histoire des cabinets de l'Europe pendant le Consulat et l'Empire*. Notice de Sainte-Beuve. 2e édit., complétée par Lefebvre de Béhaine. 5 vol. in-8. Paris, Amyot, 1866-1869.

sur les documents écrits, naturellement plus sûrs. Il appartient presque
encore à la génération impériale. Il nous faut mettre tout à fait hors de
pair, pour l'histoire de la politique extérieure du premier Empire, les
ouvrages de Bignon et de Lefebvre. Bignon écrivit, sur l'ordre de l'Empereur, l'*Histoire diplomatique de la France depuis le 18 brumaire jusqu'à la
paix de Tilsit*; lui-même fonctionnaire de l'Empire, chargé de missions à
Berlin, à Cassel, il fut donc aussi comme un historiographe officiel; mais
son ouvrage s'arrête de bonne heure, et il ne semble pas que Napoléon
lui ait livré sa pensée. L'*Histoire des cabinets de l'Europe pendant le Consulat
et l'Empire*, de Lefebvre, est jusqu'à présent le meilleur livre qu'on puisse
consulter sur l'ensemble de la politique impériale; et pourtant il n'est qu'un
résumé, un simple instrument de travail dont presque toutes les indications
doivent être vérifiées et précisées. Même ces deux ouvrages sont aujour-
d'hui vieillis; ils ne pouvaient qu'être insuffisamment documentés. Ils ne
peuvent plus servir que comme un canevas sur lequel il y a à fixer le
dessin définitif de la politique napoléonienne.

Plus près de notre temps, depuis que les sources nécessaires ont été
connues et plus accessibles, quelques travaux généraux ont été publiés.

Émile Bourgeois, dans le second volume de son *Manuel historique de
politique étrangère (1789-1830)* consacre naturellement de nombreuses
pages et d'originales considérations à l'histoire de Napoléon; elle occupe
près de la moitié de ce gros volume. A cause de l'immense étendue du
sujet que, du reste, l'auteur n'a pas prétendu épuiser, il ne lui a pas été
possible de remonter toujours aux premières sources, et la thèse qu'il
paraît soutenir, que Napoléon fut sans cesse entraîné par le mirage de
l'Orient et que cela explique toute sa politique, pourrait être discutée.
Du moins, c'est jusqu'ici le premier essai qui ait été tenté de notre temps
en France pour trouver la solution du problème; le problème ne peut
pas encore passer pour résolu [1]. Les meilleurs ouvrages généraux qui
aient été récemment écrits sur ce sujet nous sont venus de l'étranger. C'est
le petit livre de Seeley, *Courte histoire de Napoléon Ier*, et surtout celui du
Dr August Fournier, *Napoléon Ier* [2]. Celui-ci, qui n'est qu'une biographie
rapide, marque très exactement l'état actuel de la science sur l'ensemble
de l'histoire napoléonienne; il est surtout fondé sur la Correspondance
de l'Empereur; il est la preuve des beaux résultats que l'on peut espérer,
en cette matière comme ailleurs, de l'étude attentive et fidèle des sources,

---

1. E. Bourgeois. *Manuel historique de politique étrangère.* — T. II : *Les Révolutions. 1789-
1830.* 1 vol. in-12. Paris, Belin, 1898.

2. Seeley. *Courte histoire de Napoléon Ier*, trad. fr. par Baille. 2 vol. in-12. Paris, Colin,
1887. — Dr August Fournier. *Napoléon Ier*, trad. fr. par Jaeglé. 3 vol. Paris, 1891-1892.

et pourtant cette Correspondance n'est pas la meilleure source possible.

Il nous reste à indiquer les études particulières qui touchent de près ou de loin à l'histoire de la politique napoléonienne. Et d'abord, nous citerons les histoires, en quelque sorte parallèles, d'États qui furent alors en relations avec la France, de souverains alliés ou ennemis, de personnages qui ont joué un rôle dans cette histoire. On conçoit que la liste pourrait en être longue; mais les ouvrages qu'on pourrait rappeler sont de valeur très inégale. Le baron Ernouf a écrit l'histoire de *Maret, duc de Bassano*, qui fut longtemps le secrétaire d'État de Napoléon, et qui joua même un rôle politique assez personnel pendant la campagne de France. En Italie, M. Botta a écrit l'histoire de l'Italie de 1789 à 1814, et M. Castro la même histoire de 1799 à 1814. Il est étonnant que les historiens français n'aient pas encore été sollicités par l'intérêt de la politique napoléonienne en Italie; il y aurait une suite à donner au livre de Gaffarel, *Bonaparte et les Républiques italiennes*, et à celui de Dufourcq, *Le Régime Jacobin en Italie*. M. d'Haussonville n'a traité qu'une partie de ce beau sujet dans *L'Église romaine et le Premier Empire*. — Il y a peu à dire aussi de la littérature historique relative à la politique de Napoléon en Espagne. Il y a le manuel de Reynald, *Histoire de l'Espagne depuis la mort de Charles III*; les quatre volumes du général Foy, *Histoire de la guerre d'Espagne sous Napoléon*; un livre allemand de Bernhardi, *La Guerre d'Espagne* [1]. Ce sujet, évidemment, n'est pas épuisé. Il y aurait notamment à rechercher l'influence que la France napoléonienne a exercée sur la transformation politique et sociale de l'Espagne contemporaine; Napoléon n'avait-il pas rêvé de régénérer l'Espagne en l'arrachant à ses mortelles traditions de l'ancien régime? — L'histoire de l'Allemagne au temps de Napoléon a été beaucoup plus sérieusement étudiée; cela tient sans doute à l'activité du travail historique en Allemagne. Nous avons, en français, le petit livre de Rambaud, *L'Allemagne sous Napoléon Iᵉʳ*; les deux volumes compacts et consciencieux de Cavaignac sur la *Formation de la Prusse contemporaine*, et les très solides manuels d'E. Denis, *L'Allemagne de 1789 à 1810*, *L'Allemagne de 1810 à 1852* [2].

---

1. Baron Ernouf. *Maret duc de Bassano*. 1 vol. in-8. Paris. Charpentier, 1873. — Botta. *Storia d'Italia dal 1789 al 1814*. 3 vol. — Castro, *Storia d'Italia dal 1799 al 1814*. — D'Haussonville. *L'Église romaine et le premier Empire*. 5 vol. in-8. Paris. Lévy frères, 1868-70. — Reynald. *Histoire de l'Espagne depuis la mort de Charles III*. 1 vol. in-12. Paris, Alcan, 1882. — Gén. Foy. *Histoire de la guerre d'Espagne sous Napoléon*. 4 vol. 1827.

2. Rambaud. *L'Allemagne sous Napoléon Iᵉʳ*. 1 vol. in-12. Paris. Didier, 1880. — G. Cavaignac. *Formation de la Prusse contemporaine* (1807-1813). 2 vol. in-8. Paris, Hachette, 1891-1897. — E. Denis. *L'Allemagne de 1789 à 1810*; — *L'Allemagne de 1810 à 1852*. 2 vol. in-8. Biblioth. d'histoire illustrée. Paris, Société française d'éditions d'art, 1895-97.

Les ouvrages allemands sont beaucoup plus nombreux, et quelques-uns sont de premier ordre. L'histoire du royaume de Westphalie a été étudiée par Strossberger et par Gœke et Ilgen. Celle de l'Autriche a fourni quelques bons livres : Beer, *Dix années de l'histoire autrichienne, de 1801 à 1810*; — Ed. Wertheimer, *Histoire de l'Autriche et de la Hongrie au commencement du XIXᵉ siècle*; — Oncken, *L'Autriche et la Prusse dans la guerre de l'Indépendance*; — et surtout August Fournier, *Gentz et Cobenzl*. Il y a enfin à indiquer Treitschke, *Histoire de l'Allemagne au XIXᵉ siècle*, t. Iᵉʳ; — Perthes, *Histoire de l'Allemagne, de la mort de Frédéric le Grand jusqu'à l'établissement de la Confédération germanique*; Bailleu, *La Prusse et la France de 1795 à 1807*; Ranke, *Hardenberg et l'histoire de l'État prussien de 1793 à 1813*; — Pertz, *Vie de Stein*, à propos duquel il faut rappeler le grand ouvrage anglais de Seeley sur la vie et l'époque du même personnage [1]. Évidemment, l'importance historique de la Révolution allemande et de la régénération de la Prusse, sous le joug de Napoléon, a tenté les historiens ; dès lors, le sujet est un des mieux connus parmi ceux qui se rattachent à cette période : après les livres de Cavaignac et de Denis, de Ranke, de Pertz et de Seeley, il n'y a sans doute plus rien d'essentiel à retrouver ; cependant on est encore loin d'avoir dépouillé tous les documents des Archives.

S'il s'agit des autres pays de l'Europe, nous rencontrons presque partout des lacunes considérables. Sur la Turquie, il n'y a que les ouvrages très vieillis, et assez mal composés et écrits, de Juchereau de Saint-Denis, *l'Histoire de l'empire ottoman de 1792 à 1844*, et *Les Révolutions de Constantinople en 1807 et 1808*; ce dernier ouvrage est d'ailleurs entré presque tout entier dans le premier. — Bernadotte a trouvé récemment deux historiens français : Christian Schefer, *Bernadotte roi (1810-1844)*, et L. Pingaud, *Bernadotte, Napoléon et les Bourbons (1797-1844)*. — En Russie, Bogdanovitch a écrit une importante *Histoire du règne d'Alexandre Iᵉʳ*, et A.-N. Popof, *l'Histoire des relations de la Russie avec les gouvernements européens avant la guerre de 1812*. Nous parlerons plus loin des ouvrages de Vandal. — Sur l'Angleterre enfin, il y a de Lord Stanhope la *Vie de Pitt*,

---

1. Strossberger. *Le royaume de Westphalie.* — Gœke et Ilgen. *Das Königreich Westphalen.* — Beer. *Dix années de l'histoire autrichienne 1801 à 1810* (1875). — Wertheimer. *Geschichte Œsterreichs und Ungarns in ersten Jahrzehnt des 19. Jahrhund.* — Oncken. *Œsterreich und Preussen in Befreiungskriege.* — August Fournier. *Gentz und Cobenzl.* — Treitschke. *Deutsche Geschichte im XIXᵗᵉⁿ. Jahrhund.* T. I. 1879. — Perthes. *Deutsche Geschichte von Tods Friedrich's des Grossen bis zur Gründung des Deutschen Bundes.* — Bailleu. *Preussen und Frankreich von 1795 bis 1807. Diplomatische Correspondenzen.* 2 v. I. in-8. Leipzig. 1883-1888. — Ranke. *Hardenberg und die Geschichte des Preussen Staates von 1793-1813.* — Pertz. *Stein's Leben*, 1849-1855. — Seeley. *Life and times of Stein.* 4 vol. 1879.

traduite par Guizot ; — de Calmon, *W. Pitt* ; — de Trevelyan, *La Courte histoire de Ch.-J. Fox* ; — de Lord John Russel, *La Vie et l'époque de Fox* ; — de Yonge, *La Vie et l'administration de lord Liverpool* ; — de Lord Brougham, *Les Esquisses historiques des hommes d'État du temps de George III.* Nous n'indiquons que pour mémoire les histoires générales et surtout celle de Green, *Histoire du peuple anglais* [1]. On peut se rendre compte que l'histoire des relations de Napoléon avec l'Angleterre est à faire.

Quelques excellents livres, pour la plupart récents, sont des modèles très instructifs, qui montrent que l'histoire de Napoléon peut être toute renouvelée par l'emploi direct des sources. Les beaux livres d'Henry Houssaye sur *1814* et *1815* [2] traitent surtout des opérations militaires de la campagne de France et de la campagne de Belgique et de la situation de la France à cette date ; on y trouve aussi des renseignements sur les négociations diplomatiques. — Il y aurait quelques résultats du même genre à tirer de l'abondante compilation de Du Casse, *Histoire des négociations diplomatiques relatives aux traités de Mortfontaine, de Lunéville et d'Amiens.* — H. Prentout doit tout le mérite de sa belle thèse sur *Decaen, l'Ile-de-France sous Napoléon*, à l'analyse des documents des Archives. — Serge Tatistchef a tiré de la Correspondance inédite d'Alexandre Ier un livre intéressant sur *Alexandre Ier et Napoléon.* — Il a été comme effacé par la publication presque contemporaine des trois volumes de Vandal, *Napoléon et Alexandre Ier, l'Alliance russe sous le Premier Empire.* M. Vandal n'a pas épuisé toutes les sources ; il a utilisé les papiers du comte Pozzo di Borgo, les Archives de Pétersbourg, et surtout la correspondance politique du ministère des Affaires Étrangères ; on sait ce qu'il en a obtenu, et à cet égard, il a donné un exemple qui sera suivi, il faut l'espérer : il a ouvert une voie. — August Fournier, dont nous avons déjà plusieurs fois

---

1. E. Rodocanachi. *Bonaparte et les Iles Ioniennes (1797-1816).* 1 vol. in-8. Paris, Alcan, 1899. — Juchereau de Saint-Denis *Histoire de l'Empire ottoman de 1792 à 1844.* 4 vol. in-8. Paris, Comon. 1844. — Id., *Les Révolutions de Constantinople en 1807 et 1808.* 2 vol. in-8, Paris, 1819. — Chr. Schefer. *Bernadotte roi (1810-1844).* 1 vol. in-8. Paris, Alcan. 1899. — L. Pingaud. *Bernadotte, Napoléon et les Bourbons (1797-1844).* 1 vol. in-8, Paris. Plon, 1901. — Bogdanovitch. *Histoire du règne d'Alexandre Ier.* 1869-71. — A.-N. Popof. *Histoire des relations de la Russie avec les gouvernements européens avant la guerre de 1812.* Pétersbourg. 1876. — Lord Stanhope. *Life of Pitt.* trad. Guizot. 2 vol. Paris, 1842. — Calmon. *W. Pitt.* Paris, 1865. — Trevelyan. *Early history of Fox.* 3 vol. 1881. — Lord John Russell. *Life and times of Fox.* 3 vol. 1866. — Yonge. *Life and administration of lord Liverpool.* 3 vol., 1866. — Lord Brougham. *Historical sketches of statesmen in the time of George III.* Paris. 1839. — R. Green. *Hist. du peuple anglais*, trad. A. Monod. 2 vol. in-8. Paris, Plon. 1885-1888.

2. H. Houssaye. *1814, 1815 (Waterloo).* 3 vol. in-18. Paris, Perrin, 1896-1899.

cité le nom, le biographe de Napoléon, a publié dernièrement un volume sur le *Congrès de Châtillon* en 1814 [1]; il a consulté les Archives de Vienne, la correspondance inédite de Metternich, de Schwarzenberg, de Caulaincourt, les Mémoires de Hardenberg et de Castlereagh ; il a complétement renouvelé le sujet et jeté un jour éclatant sur les dissentiments des alliés, sur les préliminaires du premier traité de Paris, sur les vues politiques des grandes puissances victorieuses. De pareils ouvrages sont tout à fait dignes de servir de types et de modèles ; ils indiquent en quel sens il convient que soit dirigé le travail historique, pour déterminer les caractères et les évolutions complexes de la politique napoléonienne, pour constituer enfin l'histoire vraie de l'Empire.

.·.

Il y a quelques conclusions à retenir de cette rapide esquisse. Elle est remplie d'imperfections. L'absence de toute bibliographie pratique de notre histoire contemporaine y est pour quelque chose. Et ce nous est une occasion pour exprimer le désir qu'une bibliographie de l'époque napoléonienne complète bientôt la *Bibliographie de l'Histoire de France* de Gabriel Monod, comme celle qui a été entreprise pour l'*Histoire de Paris pendant la Révolution*, par Maurice Tourneux.

Les sources sont extrêmement abondantes en effet. Elles ne sont pas assez accessibles, et, à ce propos, nous exprimerons un second vœu. Les Archives Nationales et les Archives des Affaires Étrangères sont très riches ; on ne peut rien faire sans elles. Il faudrait les publier ; l'époque napoléonienne est assez éloignée de nous pour qu'on puisse le faire sans crainte ni dommage. Il y a, à cet égard, à suivre l'exemple du Ministère de la Guerre. M. Pierre Caron relevait dernièrement ici, dans un article analogue à celui-ci et qui nous a servi de modèle, les résultats obtenus par la section historique de l'État-Major de l'armée, sous la direction du commandant Krebs : classement des Archives, inventaire sommaire des Archives historiques, nombreux travaux méthodiquement faits d'après les sources. Une circulaire ministérielle du 22 octobre 1898 met pendant l'hiver quelques officiers de la garnison de Paris à la disposition de la sec-

---

1. Du Casse. *Histoire des négociations diplomatiques relatives aux traités de Mortfontaine, de Lunéville et d'Amiens* (pour faire suite aux *Mémoires du roi Joseph*). 3 vol. in-8. Paris, Dentu, 1855. — H. Prentout. *Decaen. l'Ile-de-France sous Napoléon.* 1 vol. in-8. Paris, Hachette, 1901. — S. Tatistchef. *Alexandre Ier et Napoléon, d'après leur correspondance inédite* (1801-1812). Paris, Perrin, 1891. — A. Vandal. *Napoléon et Alexandre Ier.* 3 vol. in-8. Paris, Plon, 1892-1896. — A. Fournier. *Der Congress von Châtillon, die Politik im Kriege von 1814.* 1 vol. in-8. Wien, Tempsky, 1900.

tion historique, et M. Caron a pu citer une longue liste de travaux rédigés par ces officiers, presque tous publiés dans les quatre ou cinq dernières années [1]. C'est le fruit naturel de l'initiative prise par le Ministère de la Guerre. On a le droit d'espérer que le Ministère des Affaires Étrangères voudra rendre à la science les mêmes services. L'initiative privée n'y peut suffire. La *Revue historique* publie souvent des documents originaux; mais son domaine est beaucoup trop vaste pour qu'elle puisse accorder à la période napoléonienne une place spéciale. Et d'ailleurs les Revues ne peuvent faire à cet égard que des publications très courtes, très décousues, capables seulement d'exciter davantage la curiosité. Je remarque en passant qu'il y a des Sociétés spécialement consacrées à l'étude de l'histoire militaire de l'Empire, comme *la Sabretache, la Plume et l'Épée*; il n'y a rien d'analogue pour l'histoire politique de Napoléon. La Société d'Histoire Diplomatique a fait d'importantes publications de pièces diplomatiques. Sous ses auspices, le comte Boulay de la Meurthe a publié, de 1890 à 1896, en cinq grands volumes in-8, les *Documents sur la négociation du Concordat, et sur les autres rapports de la France avec le Saint-Siège de 1800 à 1801*. C'est du meilleur exemple. Mais les ressources de la Société ne lui permettent pas d'entreprendre la publication des documents que renferment les Archives des Affaires Étrangères. Cela ne peut appartenir qu'au Ministère. Il suffit qu'il étende à la période napoléonienne le travail qu'il fait poursuivre sur l'histoire diplomatique de la France avant 1789. Car, la Commission des Archives diplomatiques a fait publier le *Recueil des Instructions données aux Ambassadeurs et ministres de France depuis le traité de Westphalie jusqu'à la Révolution*. — Elle a aussi fait commencer l'*Inventaire analytique* de ces Archives. Mais rien n'a encore été fait pour l'histoire du Premier Empire.

Il semble pourtant que rien ne puisse s'opposer à l'organisation méthodique d'une publication aussi complète que possible des correspondances politiques si précieuses et si nécessaires que renferment les Archives diplomatiques et nous exprimons le vœu que le Ministère veuille bien suivre en ce sens l'exemple de la Société Impériale d'Histoire de Russie, dont nous avons rappelé quelques importantes publications relatives à la période napoléonienne. Nous avons la Correspondance de l'Empereur, nous avons des Mémoires en quantité et qualité à peu près suffisantes; quand nous aurons les documents officiels, nous aurons tous nos instruments de travail.

Alors seulement il sera possible de pousser avec activité l'étude de l'his-

---

1. Cf. la *Revue*, t. II, p. 525 sqq.

toire de Napoléon. Faut-il faire observer encore que l'Allemagne, à ce point de vue, a de l'avance sur nous, et qu'il s'y est publié depuis quelques années nombre d'ouvrages importants dont nous n'avons cité que quelques-uns ? Faut-il donc que l'histoire de Napoléon soit préparée à l'étranger ? Nous avons dit, en effet, l'énorme besogne que nous avons à fournir. Nous ne pouvons nous contenter des livres de Thiers, de Bignon et de Lefebvre. M. Vandal a montré le chemin. Il y a tout à faire au sujet des relations de Napoléon avec l'Angleterre, et le simple énoncé de ce sujet suppose d'immenses recherches. On peut en dire autant de la politique napoléonienne en Espagne, en Italie, en Orient. Nous répétons que cette histoire est celle des origines mêmes de l'histoire contemporaine de ces pays et qu'elle est indispensable à l'intelligence de leur évolution politique et sociale.

Nous ne sommes pas moins dépourvus et nous aurions autant besoin de fixer nos connaissances sur le développement chronologique de la politique de Napoléon. Ce serait le seul moyen de la bien comprendre que de l'étudier d'année en année, de mois en mois, de suivre pas à pas le mouvement de l'ambition impériale, de saisir le fil de sa pensée, et la conception sans doute lente et variable qu'il se fit du gouvernement et de l'organisation politique de l'Europe conquise. Il est vraisemblable en effet que l'Empereur n'a pas, dès le sacre, comme par une inspiration du Ciel, construit en son cerveau tout le système politique qu'il réaliserait à coups d'épée, qu'il s'est, dans une certaine mesure au moins, plié aux circonstances, et que plus tard seulement, en 1812 peut-être, il est arrivé à une large vue d'ensemble sur le monde où il régnait, susceptible du reste d'être encore modifiée et élargie si la fortune lui était demeurée fidèle.

Mais ce n'est certes pas le moment de déterminer même une simple esquisse d'un pareil sujet. Il faudra de longues années avant que les documents essentiels aient été dépouillés ; il faudra ensuite d'autres longues années pour achever toutes les études particulières que nécessite cette histoire. Il est impossible de prévoir quand il sera possible d'entreprendre l'histoire scientifique et définitive de Napoléon. L'immensité du travail est une raison pour l'entreprendre au plus tôt.

MACON, PROTAT FRÈRES, IMPRIMEURS

MACON, PROTAT FRÈRES, IMPRIMEURS

www.ingramcontent.com/pod-product-compliance
Lightning Source LLC
LaVergne TN
LVHW011455180726
843503LV00009BA/4130